개역개정 · 신약성경쓰기

사도행전 상

오직 성령이
너희에게 임하시면
너희가 권능을 받고
예루살렘과 온 유대와
사마리아와 땅 끝까지 이르러
내 증인이 되리라 하시니라
_행 1:8_

레마북스
Rhema

추천의 글

"우리는 성경을 읽지만 세상은 우리를 읽는다."

성경은 세상 모든 책을 담을 수 있는 가장 큰 그릇입니다.
성경 필사는 단순히 글을 옮겨 쓰는 작업이 아니라 눈으로 활자를 읽고 손으로 쓰면서 머리로 헤아리는 일. 눈, 손, 머리를 동시에 동원하는 작업으로 오래전부터 필사는 효과가 입증된 글쓰기 훈련법입니다. 저명한 사람들은 필사의 경험이 없는 사람은 없습니다.

손과 종이 위에 연필 끝이 만나는 순간 미묘한 시간차가 발생합니다. 필사가 제공하는 틈 그 순간에 우리는 가만히 있지 않습니다. 단어와 문장을 거슬러 올라가고 맥락을 헤아리고 성경 내용을 되새김질 합니다. 필사 과정에서 눈으로 읽을 때 미처 보지 못한 내용을 발견하고 또 깨달을 수도 있습니다.

성경 필사는 하나님 말씀이 생명력 있게 살아나게 하는 작업입니다.
하나님 말씀이 우리들 마음속에 가득할 때 마음의 소원, 기도의 제목을 하나님이 들으시고 이루어 주실 것입니다.

성경의 진리들을 오직 성경으로, 오직 성령의 조명으로 해석하고 교리를 세우고 그 교리를 삶의 기준과 원칙으로 삼고 모든 삶의 영역에 적용하고자 한 청교도처럼 예수를 가장 잘 믿는 사람들, 가장 순수한 신앙으로 산 사람들 "크리스천" 되기를 소망합니다.

엮은이 **김영기**

레마북스 성경쓰기 시리즈 특징

✛ **볼펜, 만년필로 성경쓰기 편한 고급 재질의 종이 사용**

[레마북스 신약성경쓰기 시리즈 (5)사도행전상]은 유성볼펜이나 만년필 사용에 적합하도록 도톰하고 고급스런 광택이 나는 재질의 종이를 사용하였습니다.

✛ **성경쓰기 편하도록 페이지가 완전히 펼쳐지는 180도 고급 제본 사용**

[레마북스 신약성경쓰기 시리즈 (5)사도행전상]은 책을 펼친 중간 부분이 걸리지 않도록 페이지가 완전히 펼쳐지는 180도 고급 제본을 사용하였습니다.

✛ **10여년의 경험을 바탕으로 읽고 쓰기 편안한 글씨체 사용**

[레마북스 신약성경쓰기 시리즈 (5)사도행전상]은 통독을 겸한 필사가 가능하도록 읽고 쓰면서 스트레스 받지 않는 글씨체를 10여년의 실패와 경험을 바탕으로 선정하여 사용하였습니다.

✛ **따라쓸 수 있는 한자(漢字) 병기(倂記)로 말씀 묵상의 극대화**

[레마북스 신약성경쓰기 시리즈 (5)사도행전상]은 긍정적이고 따라쓰기 쉬운 한자를 병기하여 깊은 묵상을 극대화하였습니다.

구약성경 통독표

순번	성경목록	장	절	평균통독 시간/분	순번	성경목록	장	절	평균통독 시간/분
1	창세기	50	1,533	203	21	전도서	12	222	31
2	출애굽기	40	1,213	162	22	아가	8	117	16
3	레위기	27	859	115	23	이사야	66	1,292	206
4	민수기	36	1,287	165	24	예레미야	52	1,364	300
5	신명기	34	959	147	25	예레미야애가	5	154	20
6	여호수아	24	658	99	26	에스겔	48	1,273	201
7	사사기	21	618	103	27	다니엘	12	357	62
8	룻기	4	85	14	28	호세아	14	197	30
9	사무엘상	31	810	136	29	요엘	3	73	11
10	사무엘하	24	695	113	30	아모스	9	146	23
11	열왕기상	22	816	128	31	오바댜	1	21	4
12	열왕기하	25	719	121	32	요나	4	48	7
13	역대상	29	942	119	33	미가	7	105	17
14	역대하	36	822	138	34	나훔	3	47	8
15	에스라	10	280	42	35	하박국	3	56	9
16	느헤미야	13	406	61	36	스바냐	3	53	9
17	에스더	10	167	29	37	학개	2	38	6
18	욥기	42	1,070	115	38	스가랴	14	211	33
19	시편	150	2,461	275	39	말라기	4	55	11
20	잠언	31	915	92		합 계	929	23,144	3,381

신약성경 통독표

순번	성경목록	장	절	평균통독 시간/분	순번	성경목록	장	절	평균통독 시간/분
1	마태복음	28	1,071	130	15	디모데전서	6	113	14
2	마가복음	16	678	81	16	디모데후서	4	83	11
3	누가복음	24	1,151	138	17	디도서	3	46	6
4	요한복음	21	879	110	18	빌레몬서	1	25	2
5	사도행전	28	1,007	127	19	히브리서	13	303	41
6	로마서	16	433	58	20	야고보서	5	108	14
7	고린도전서	16	437	57	21	베드로전서	5	105	15
8	고린도후서	13	256	37	22	베드로후서	3	61	9
9	갈라디아서	6	149	19	23	요한1서	5	105	15
10	에베소서	6	155	18	24	요한2서	1	13	2
11	빌립보서	4	104	14	25	요한3서	1	15	2
12	골로새서	4	95	12	26	유다서	1	25	4
13	데살로니가전서	5	89	12	27	요한계시록	22	404	61
14	데살로니가후서	3	47	6		합 계	260	7,957	1,015

구약성경	39권	23,144절	1,006,953문자	352,319단어	평균통독시간	56시간
신약성경	27권	7,957절	315,579문자	110,237단어	평균통독시간	17시간

성령으로 세례를 받으리라

1

[1] 데오빌로여 내가 먼저 쓴 글에는 무릇
예수께서 행하시며 가르치시기를 시작하심부터

[2] 그가 택하신 사도들에게 성령으로 명하시고
승천(昇天)하신 날까지의 일을 기록하였노라

[3] 그가 고난 받으신 후에 또한 그들에게
확실한 많은 증거로 친히 살아 계심을 나타내사

사십 일 동안 그들에게 보이시며
하나님 나라의 일을 말씀하시니라

[4] 사도와 함께 모이사 그들에게 분부(吩咐)하여 이르시되
예루살렘을 떠나지 말고 내게서 들은 바
아버지께서 약속하신 것을 기다리라

⁵요한은 물로 세례를 베풀었으나 너희는 몇 날이 못되어
성령으로 세례를 받으리라 하셨느니라

예수께서 하늘로 올려지시다

⁶그들이 모였을 때에 예수께 여쭈어 이르되
주께서 이스라엘 나라를 회복하심이 이 때니이까 하니

⁷이르시되 때와 시기는 아버지께서 자기의 권한에 두셨으니
너희가 알 바 아니요

⁸오직 성령이 너희에게 임하시면 너희가 권능을 받고
예루살렘과 온 유대와 사마리아와 땅 끝까지 이르러
내 증인이 되리라 하시니라

⁹이 말씀을 마치시고 그들이 보는데 올려져 가시니
구름이 그를 가리어 보이지 않게 하더라

¹⁰ 올라가실 때에 제자들이 자세히 하늘을 쳐다보고 있는데
흰 옷 입은 두 사람이 그들 곁에 서서

¹¹ 이르되 갈릴리 사람들아 어찌하여 서서 하늘을 쳐다보느냐
너희 가운데서 하늘로 올려지신 이 예수는
하늘로 가심을 본 그대로 오시리라 하였느니라

유다 대신에 맛디아를 세우다

¹² 제자들이 감람원이라 하는 산으로부터 예루살렘에 돌아오니
이 산은 예루살렘에서 가까워 안식일에 가기 알맞은 길이라

¹³ 들어가 그들이 유하는 다락방으로 올라가니
베드로, 요한, 야고보, 안드레와 빌립, 도마와 바돌로매,

마태와 및 알패오의 아들 야고보, 셀롯인 시몬,
야고보의 아들 유다가 다 거기 있어

¹⁴여자들과 예수의 어머니 마리아와 예수의 아우들과 더불어
마음을 같이하여 오로지 기도에 힘쓰더라

¹⁵모인 무리의 수가 약 백이십 명이나 되더라
그 때에 베드로가 그 형제들 가운데 일어서서 이르되

¹⁶형제들아 성령이 다윗의 입을 통하여
예수 잡는 자들의 길잡이가 된 유다를 가리켜
미리 말씀하신 성경이 응하였으니 마땅하도다

¹⁷이 사람은 본래 우리 수 가운데 참여하여
이 직무(職務)의 한 부분을 맡았던 자라

¹⁸(이 사람이 불의의 삯으로 밭을 사고 후에 몸이
곤두박질하여 배가 터져 창자가 다 흘러 나온지라

¹⁹이 일이 예루살렘에 사는 모든 사람에게 알리어져

그들의 말로는 그 밭을 아겔다마라 하니
이는 피밭이라는 뜻이라)

[20]시편에 기록하였으되 그의 거처를 황폐하게 하시며
거기 거하는 자가 없게 하소서 하였고 또 일렀으되
그의 직분을 타인이 취하게 하소서 하였도다

[21]이러하므로 요한의 세례로부터
우리 가운데서 올려져 가신 날까지
주 예수께서 우리 가운데 출입(出入)하실 때에

[22]항상 우리와 함께 다니던 사람 중에 하나를 세워
우리와 더불어 예수께서 부활(復活)하심을
증언할 사람이 되게 하여야 하리라 하거늘

[23]그들이 두 사람을 내세우니 하나는 바사바라고도 하고

별명은 유스도라고 하는 요셉이요 하나는 맛디아라

24 그들이 기도하여 이르되 뭇 사람의 마음을 아시는 주여
이 두 사람 중에 누가 주님께 택하신 바 되어

25 봉사와 및 사도의 직무를 대신할 자인지를 보이시옵소서
유다는 이 직무를 버리고 제 곳으로 갔나이다 하고

26 제비 뽑아 맛디아를 얻으니
그가 열한 사도의 수에 들어가니라

성령이 임하시다

2 1 오순절(五旬節) 날이 이미 이르매
그들이 다같이 한 곳에 모였더니

2 홀연히 하늘로부터 급하고 강한 바람 같은 소리가 있어
그들이 앉은 온 집에 가득하며

³마치 불의 혀처럼 갈라지는 것들이 그들에게 보여
각 사람 위에 하나씩 임하여 있더니

⁴그들이 다 성령의 충만함을 받고 성령이 말하게 하심을 따라
다른 언어들로 말하기를 시작하니라

⁵그 때에 경건한 유대인들이 천하 각국으로부터 와서
예루살렘에 머물러 있더니

⁶이 소리가 나매 큰 무리가 모여 각각
자기의 방언으로 제자들이 말하는 것을 듣고 소동하여

⁷다 놀라 신기하게 여겨 이르되 보라
이 말하는 사람들이 다 갈릴리 사람이 아니냐

⁸우리가 우리 각 사람이 난 곳 방언(方言)으로
듣게 되는 것이 어찌 됨이냐

9 우리는 바대인과 메대인과 엘람인과 또 메소보다미아,
유대와 갑바도기아, 본도와 아시아,

10 브루기아와 밤빌리아, 애굽과 및 구레네에 가까운
리비야 여러 지방에 사는 사람들과 로마로부터 온 나그네
곧 유대인과 유대교에 들어온 사람들과

11 그레데인과 아라비아인들이라 우리가 다 우리의 각 언어로
하나님의 큰 일을 말함을 듣는도다 하고

12 다 놀라며 당황하여 서로 이르되 이 어찌 된 일이냐 하며

13 또 어떤 이들은 조롱하여 이르되
그들이 새 술에 취하였다 하더라

베드로의 오순절 설교

14 베드로가 열한 사도와 함께 서서 소리를 높여 이르되

유대인들과 예루살렘에 사는 모든 사람들아
이 일을 너희로 알게 할 것이니 내 말에 귀를 기울이라

15때가 제 삼 시니 너희 생각과 같이
이 사람들이 취한 것이 아니라

16이는 곧 선지자 요엘을 통하여 말씀하신 것이니 일렀으되

17하나님이 말씀하시기를
말세에 내가 내 영을 모든 육체에 부어 주리니

너희의 자녀들은 예언할 것이요
너희의 젊은이들은 환상(幻想)을 보고
너희의 늙은이들은 꿈을 꾸리라

18그 때에 내가 내 영을 내 남종과 여종들에게 부어 주리니
그들이 예언할 것이요

¹⁹또 내가 위로 하늘에서는 기사를
아래로 땅에서는 징조를 베풀리니 곧 피와 불과 연기로다

²⁰주의 크고 영화로운 날이 이르기 전에
해가 변하여 어두워지고 달이 변하여 피가 되리라

²¹누구든지 주의 이름을 부르는 자는
구원을 받으리라 하였느니라

²²이스라엘 사람들아 이 말을 들으라
너희도 아는 바와 같이 하나님께서 나사렛 예수로

큰 권능과 기사(奇事)와 표적을 너희 가운데서 베푸사
너희 앞에서 그를 증언하셨느니라

²³그가 하나님께서 정하신 뜻과
미리 아신 대로 내준 바 되었거늘

너희가 법 없는 자들의 손을 빌려 못 박아 죽였으나

²⁴하나님께서 그를 사망의 고통에서 풀어 살리셨으니
이는 그가 사망에 매여 있을 수 없었음이라

²⁵다윗이 그를 가리켜 이르되
내가 항상 내 앞에 계신 주를 뵈었음이여
나로 요동하지 않게 하기 위하여 그가 내 우편에 계시도다

²⁶그러므로 내 마음이 기뻐하였고 내 혀도 즐거워하였으며
육체도 희망에 거하리니

²⁷이는 내 영혼을 음부에 버리지 아니하시며
주의 거룩한 자로 썩음을 당하지 않게 하실 것임이로다

²⁸주께서 생명의 길을 내게 보이셨으니
주 앞에서 내게 기쁨이 충만하게 하시리로다 하였으므로

29형제들아 내가 조상 다윗에 대하여 담대히 말할 수 있노니
다윗이 죽어 장사되어 그 묘가 오늘까지 우리 중에 있도다

30그는 선지자라 하나님이 이미 맹세하사 그 자손 중에서
한 사람을 그 위에 앉게 하리라 하심을 알고

31미리 본 고로 그리스도의 부활을 말하되
그가 음부에 버림이 되지 않고
그의 육신이 썩음을 당하지 아니하시리라 하더니

32이 예수를 하나님이 살리신지라
우리가 다 이 일에 증인(證人)이로다

33하나님이 오른손으로 예수를 높이시매
그가 약속하신 성령을 아버지께 받아서
너희가 보고 듣는 이것을 부어 주셨느니라

³⁴다윗은 하늘에 올라가지 못하였으나 친히 말하여 이르되
주께서 내 주에게 말씀하시기를

³⁵내가 네 원수로 네 발등상이 되게 하기까지
너는 내 우편에 앉아 있으라 하셨도다 하였으니

³⁶그런즉 이스라엘 온 집은 확실히 알지니
너희가 십자가에 못 박은 이 예수를 하나님이
주와 그리스도가 되게 하셨느니라 하니라

³⁷그들이 이 말을 듣고 마음에 찔려
베드로와 다른 사도들에게 물어 이르되
형제들아 우리가 어찌할꼬 하거늘

³⁸베드로가 이르되 너희가 회개하여 각각
예수 그리스도의 이름으로 세례를 받고 죄 사함을 받으라

그리하면 성령의 선물을 받으리니

³⁹이 약속은 너희와 너희 자녀와 모든 먼 데 사람
곧 주 우리 하나님이 얼마든지 부르시는 자들에게
하신 것이라 하고

⁴⁰또 여러 말로 확증하며 권하여 이르되
너희가 이 패역한 세대에서 구원을 받으라 하니

⁴¹그 말을 받은 사람들은 세례를 받으매
이 날에 신도의 수가 삼천이나 더하더라

⁴²그들이 사도의 가르침을 받아 서로 교제(交際)하고
떡을 떼며 오로지 기도하기를 힘쓰니라

믿는 사람이 모든 물건을 통용하다

⁴³사람마다 두려워하는데 사도들로 말미암아

기사와 표적이 많이 나타나니

⁴⁴믿는 사람이 다 함께 있어 모든 물건을 서로 통용(通用)하고

⁴⁵또 재산과 소유를 팔아 각 사람의 필요를 따라 나눠 주며

⁴⁶날마다 마음을 같이하여 성전에 모이기를 힘쓰고
집에서 떡을 떼며 기쁨과 순전한 마음으로 음식을 먹고

⁴⁷하나님을 찬미하며 또 온 백성에게 칭송을 받으니
주께서 구원 받는 사람을 날마다 더하게 하시니라

베드로와 요한이 못 걷게 된 이를 고치다

3 ¹제 구 시 기도 시간에
베드로와 요한이 성전에 올라갈새

²나면서 못 걷게 된 이를 사람들이 메고 오니
이는 성전에 들어가는 사람들에게 구걸하기 위하여

날마다 미문이라는 성전 문에 두는 자라

³그가 베드로와 요한이 성전에 들어가려 함을 보고 구걸하거늘

⁴베드로가 요한과 더불어 주목하여 이르되 우리를 보라 하니

⁵그가 그들에게서 무엇을 얻을까 하여 바라보거늘

⁶베드로가 이르되 은과 금은 내게 없거니와
내게 있는 이것을 네게 주노니
나사렛 예수 그리스도의 이름으로 일어나 걸으라 하고

⁷오른손을 잡아 일으키니 발과 발목이 곧 힘을 얻고

⁸뛰어 서서 걸으며 그들과 함께 성전으로 들어가면서
걷기도 하고 뛰기도 하며 하나님을 찬송하니

⁹모든 백성이 그 걷는 것과 하나님을 찬송(讚頌)함을 보고

¹⁰그가 본래 성전 미문(美門)에 앉아 구걸하던 사람인 줄 알고

그에게 일어난 일로 인하여 심히 놀랍게 여기며 놀라니라

베드로가 솔로몬의 행각에서 설교하다

[11] 나은 사람이 베드로와 요한을 붙잡으니
모든 백성이 크게 놀라며 달려 나아가
솔로몬의 행각이라 불리우는 행각(行閣)에 모이거늘

[12] 베드로가 이것을 보고 백성에게 말하되
이스라엘 사람들아 이 일을 왜 놀랍게 여기느냐

우리 개인의 권능과 경건으로 이 사람을 걷게 한 것처럼
왜 우리를 주목하느냐

[13] 아브라함과 이삭과 야곱의 하나님 곧 우리 조상의 하나님이
그의 종 예수를 영화롭게 하셨느니라
너희가 그를 넘겨 주고 빌라도가 놓아 주기로 결의한 것을

너희가 그 앞에서 거부하였으니

14너희가 거룩하고 의로운 이를 거부하고
도리어 살인한 사람을 놓아 주기를 구하여

15생명의 주를 죽였도다
그러나 하나님이 죽은 자 가운데서 그를 살리셨으니
우리가 이 일에 증인이라

16그 이름을 믿으므로 그 이름이 너희가 보고 아는
이 사람을 성하게 하였나니 예수로 말미암아 난 믿음이
너희 모든 사람 앞에서 이같이 완전히 낫게 하였느니라

17형제들아 너희가 알지 못하여서 그리하였으며
너희 관리들도 그리한 줄 아노라

18그러나 하나님이 모든 선지자의 입을 통하여

자기의 그리스도께서 고난 받으실 일을
미리 알게 하신 것을 이와 같이 이루셨느니라

¹⁹그러므로 너희가 회개하고 돌이켜 너희 죄 없이 함을 받으라
이같이 하면 새롭게 되는 날이 주 앞으로부터 이를 것이요

²⁰또 주께서 너희를 위하여 예정하신
그리스도 곧 예수를 보내시리니

²¹하나님이 영원 전부터 거룩한 선지자들의 입을 통하여
말씀하신 바 만물을 회복하실 때까지는
하늘이 마땅히 그를 받아 두리라

²²모세가 말하되 주 하나님이 너희를 위하여
너희 형제 가운데서 나 같은 선지자 하나를 세울 것이니
너희가 무엇이든지 그의 모든 말을 들을 것이라

²³누구든지 그 선지자의 말을 듣지 아니하는 자는
백성 중에서 멸망 받으리라 하였고

²⁴또한 사무엘 때부터 이어 말한 모든 선지자도
이 때를 가리켜 말하였느니라

²⁵너희는 선지자들의 자손이요 또 하나님이
너희 조상과 더불어 세우신 언약의 자손이라

아브라함에게 이르시기를 땅 위의 모든 족속이
너의 씨로 말미암아 복을 받으리라 하셨으니

²⁶하나님이 그 종을 세워 복 주시려고 너희에게 먼저 보내사
너희로 하여금 돌이켜 각각 그 악함을 버리게 하셨느니라

베드로와 요한이 공회 앞에 서다

¹사도들이 백성에게 말할 때에

제사장들과 성전 맡은 자와 사두개인들이 이르러

2예수 안에 죽은 자의 부활이 있다고
백성을 가르치고 전함을 싫어하여

3그들을 잡으매 날이 이미 저물었으므로
이튿날까지 가두었으나

4말씀을 들은 사람 중에 믿는 자가 많으니
남자의 수가 약 오천이나 되었더라

5이튿날 관리들과 장로들과 서기관들이 예루살렘에 모였는데

6대제사장 안나스와 가야바와 요한과
알렉산더와 및 대제사장의 문중이 다 참여하여

7사도들을 가운데 세우고 묻되
너희가 무슨 권세와 누구의 이름으로 이 일을 행하였느냐

8이에 베드로가 성령이 충만(充滿)하여 이르되
백성의 관리들과 장로들아

9만일 병자에게 행한 착한 일에 대하여
이 사람이 어떻게 구원을 받았느냐고
오늘 우리에게 질문한다면

10너희와 모든 이스라엘 백성들은 알라
너희가 십자가에 못 박고 하나님이 죽은 자 가운데서 살리신

나사렛 예수 그리스도의 이름으로
이 사람이 건강(健康)하게 되어 너희 앞에 섰느니라

11이 예수는 너희 건축자(建築者)들의 버린 돌로서
집 모퉁이의 머릿돌이 되었느니라

12다른 이로써는 구원을 받을 수 없나니

천하 사람 중에 구원을 받을 만한 다른 이름을
우리에게 주신 일이 없음이라 하였더라

---

13 그들이 베드로와 요한이 담대하게 말함을 보고
그들을 본래 학문 없는 범인으로 알았다가 이상히 여기며
또 전에 예수와 함께 있던 줄도 알고

---

14 또 병 나은 사람이 그들과 함께 서 있는 것을 보고
비난할 말이 없는지라

---

15 명하여 공회에서 나가라 하고 서로 의논하여 이르되

16 이 사람들을 어떻게 할까
그들로 말미암아 유명한 표적 나타난 것이

예루살렘에 사는 모든 사람에게 알려졌으니
우리도 부인할 수 없는지라

---

¹⁷이것이 민간(民間)에 더 퍼지지 못하게 그들을 위협하여
이 후에는 이 이름으로 아무에게도 말하지 말게 하자 하고

¹⁸그들을 불러 경고하여 도무지 예수의 이름으로
말하지도 말고 가르치지도 말라 하니

¹⁹베드로와 요한이 대답하여 이르되
하나님 앞에서 너희의 말을 듣는 것이
하나님의 말씀을 듣는 것보다 옳은가 판단하라

²⁰우리는 보고 들은 것을 말하지 아니할 수 없다 하니

²¹관리들이 백성들 때문에 그들을 어떻게 처벌할지
방법을 찾지 못하고 다시 위협하여 놓아 주었으니

이는 모든 사람이 그 된 일을 보고
하나님께 영광을 돌림이라

²²이 표적으로 병 나은 사람은 사십여 세나 되었더라

한마음으로 하나님께 기도하다

²³사도들이 놓이매 그 동료(同僚)에게 가서
제사장들과 장로들의 말을 다 알리니

²⁴그들이 듣고 한마음으로 하나님께 소리를 높여 이르되
대주재여 천지와 바다와 그 가운데 만물을 지은 이시오

²⁵또 주의 종 우리 조상 다윗의 입을 통하여
성령으로 말씀하시기를 어찌하여 열방이 분노하며
족속들이 허사를 경영하였는고

²⁶세상의 군왕들이 나서며 관리들이 함께 모여
주와 그의 그리스도를 대적하도다 하신 이로소이다

²⁷과연 헤롯과 본디오 빌라도는

이방인과 이스라엘 백성과 합세(合勢)하여
하나님께서 기름 부으신 거룩한 종 예수를 거슬러

28하나님의 권능과 뜻대로 이루려고 예정하신 그것을
행하려고 이 성에 모였나이다

29주여 이제도 그들의 위협함을 굽어보시옵고
또 종들로 하여금 담대히 하나님의 말씀을
전하게 하여 주시오며

30손을 내밀어 병을 낫게 하시옵고
표적과 기사가 거룩한 종 예수의 이름으로
이루어지게 하옵소서 하더라

31빌기를 다하매 모인 곳이 진동하더니
무리가 다 성령이 충만하여

담대히 하나님의 말씀을 전하니라

물건을 서로 통용하다

32 믿는 무리가 한마음과 한 뜻이 되어 모든 물건을
서로 통용(通用)하고 자기 재물을 조금이라도
자기 것이라 하는 이가 하나도 없더라

33 사도들이 큰 권능으로 주 예수의 부활을 증언하니
무리가 큰 은혜를 받아

34 그 중에 가난한 사람이 없으니
이는 밭과 집 있는 자는 팔아 그 판 것의 값을 가져다가

35 사도들의 발 앞에 두매
그들이 각 사람의 필요를 따라 나누어 줌이라

36 구브로에서 난 레위족 사람이 있으니 이름은 요셉이라

사도들이 일컬어 바나바라 (번역하면 위로의 아들이라) 하니

³⁷그가 밭이 있으매 팔아 그 값을 가지고
사도들의 발 앞에 두니라

아나니아와 삽비라

5

¹아나니아라 하는 사람이
그의 아내 삽비라와 더불어 소유를 팔아

²그 값에서 얼마를 감추매 그 아내도 알더라
얼마만 가져다가 사도들의 발 앞에 두니

³베드로가 이르되 아나니아야
어찌하여 사탄이 네 마음에 가득하여
네가 성령을 속이고 땅 값 얼마를 감추었느냐

⁴땅이 그대로 있을 때에는 네 땅이 아니며

판 후에도 네 마음대로 할 수가 없더냐
어찌하여 이 일을 네 마음에 두었느냐
사람에게 거짓말한 것이 아니요 하나님께로다

___

5 아나니아가 이 말을 듣고 엎드러져 혼이 떠나니
이 일을 듣는 사람이 다 크게 두려워하더라

___

6 젊은 사람들이 일어나 시신을 싸서 메고 나가 장사하니라

7 세 시간쯤 지나 그의 아내가
그 일어난 일을 알지 못하고 들어오니

___

8 베드로가 이르되 그 땅 판 값이 이것뿐이냐
내게 말하라 하니 이르되 예 이것뿐이라 하더라

___

9 베드로가 이르되
너희가 어찌 함께 꾀하여 주의 영을 시험하려 하느냐

___

보라 네 남편을 장사하고 오는 사람들의 발이
문 앞에 이르렀으니 또 너를 메어 내가리라 하니

---

10 곧 그가 베드로의 발 앞에 엎드러져 혼이 떠나는지라
젊은 사람들이 들어와 죽은 것을 보고 메어다가
그의 남편 곁에 장사하니

---

11 온 교회와 이 일을 듣는 사람들이 다 크게 두려워하니라

사도들이 표적을 일으키다

12 사도들의 손을 통하여 민간에 표적과 기사가 많이 일어나매
믿는 사람이 다 마음을 같이하여 솔로몬 행각에 모이고

---

13 그 나머지는 감히 그들과 상종하는 사람이 없으나
백성이 칭송하더라

---

14 믿고 주께로 나아오는 자가 더 많으니 남녀의 큰 무리더라

---

¹⁵심지어 병든 사람을 메고 거리에 나가
침대와 요 위에 누이고 베드로가 지날 때에
혹 그의 그림자라도 누구에게 덮일까 바라고

¹⁶예루살렘 부근의 수많은 사람들도 모여
병든 사람과 더러운 귀신에게 괴로움 받는 사람을
데리고 와서 다 나음을 얻으니라

사도들이 능욕을 받다

¹⁷대제사장과 그와 함께 있는 사람 즉 사두개인의 당파가
다 마음에 시기가 가득하여 일어나서

¹⁸사도들을 잡아다가 옥에 가두었더니

¹⁹주의 사자(使者)가 밤에 옥문을 열고 끌어내어 이르되

²⁰가서 성전에 서서

이 생명의 말씀을 다 백성에게 말하라 하매

21그들이 듣고 새벽에 성전에 들어가서 가르치더니
대제사장과 그와 함께 있는 사람들이 와서

공회와 이스라엘 족속의 원로들을 다 모으고
사람을 옥에 보내어 사도들을 잡아오라 하니

22부하들이 가서 옥에서 사도들을 보지 못하고 돌아와

23이르되 우리가 보니 옥은 든든하게 잠기고
지키는 사람들이 문에 서 있으되 문을 열고 본즉
그 안에는 한 사람도 없더이다 하니

24성전 맡은 자와 제사장들이 이 말을 듣고
의혹하여 이 일이 어찌 될까 하더니

25사람이 와서 알리되 보소서 옥에 가두었던 사람들이

성전에 서서 백성을 가르치더이다 하니

²⁶성전 맡은 자가 부하들과 같이 가서 그들을 잡아왔으나
강제로 못함은 백성들이 돌로 칠까 두려워함이더라

²⁷그들을 끌어다가 공회 앞에 세우니 대제사장이 물어

²⁸이르되 우리가 이 이름으로
사람을 가르치지 말라고 엄금하였으되

너희가 너희 가르침을 예루살렘에 가득하게 하니
이 사람의 피를 우리에게로 돌리고자 함이로다

²⁹베드로와 사도들이 대답하여 이르되
사람보다 하나님께 순종하는 것이 마땅하니라

³⁰너희가 나무에 달아 죽인 예수를
우리 조상의 하나님이 살리시고

³¹이스라엘에게 회개함과 죄 사함을 주시려고
그를 오른손으로 높이사 임금과 구주로 삼으셨느니라

³²우리는 이 일에 증인이요
하나님이 자기에게 순종하는 사람들에게 주신
성령도 그러하니라 하더라

³³그들이 듣고 크게 노하여 사도들을 없이하고자 할새

³⁴바리새인 가말리엘은 율법교사로 모든 백성에게
존경을 받는 자라 공회 중에 일어나 명하여
사도들을 잠깐 밖에 나가게 하고

³⁵말하되 이스라엘 사람들아
너희가 이 사람들에게 대하여 어떻게 하려는지 조심하라

³⁶이 전에 드다가 일어나 스스로 선전하매

사람이 약 사백 명이나 따르더니 그가 죽임을 당하매
따르던 모든 사람들이 흩어져 없어졌고

37 그 후 호적할 때에 갈릴리의 유다가 일어나
백성을 꾀어 따르게 하다가 그도 망한즉
따르던 모든 사람들이 흩어졌느니라

38 이제 내가 너희에게 말하노니
이 사람들을 상관하지 말고 버려 두라
이 사상과 이 소행이 사람으로부터 났으면 무너질 것이요

39 만일 하나님께로부터 났으면
너희가 그들을 무너뜨릴 수 없겠고
도리어 하나님을 대적하는 자가 될까 하노라 하니

40 그들이 옳게 여겨 사도들을 불러들여 채찍질하며

예수의 이름으로 말하는 것을 금하고 놓으니

⁴¹사도들은 그 이름을 위하여 능욕 받는 일에
합당한 자로 여기심을 기뻐하면서 공회 앞을 떠나니라

⁴²그들이 날마다 성전에 있든지 집에 있든지
예수는 그리스도라고 가르치기와 전도하기를
그치지 아니하니라

일곱 일꾼을 택하다

6 ¹그 때에 제자가 더 많아졌는데 헬라파 유대인들이
자기의 과부들이 매일의 구제에 빠지므로
히브리파 사람을 원망하니

²열두 사도가 모든 제자를 불러 이르되
우리가 하나님의 말씀을 제쳐 놓고

접대를 일삼는 것이 마땅하지 아니하니

³형제들아 너희 가운데서 성령과 지혜가 충만하여
칭찬 받는 사람 일곱을 택하라
우리가 이 일을 그들에게 맡기고

⁴우리는 오로지 기도하는 일과 말씀 사역에 힘쓰리라 하니

⁵온 무리가 이 말을 기뻐하여
믿음과 성령이 충만한 사람 스데반과 또 빌립과

브로고로와 니가노르와 디몬과 바메나와
유대교에 입교(入敎)했던 안디옥 사람 니골라를 택하여

⁶사도들 앞에 세우니 사도들이 기도하고 그들에게 안수하니라

⁷하나님의 말씀이 점점 왕성하여
예루살렘에 있는 제자의 수가 더 심히 많아지고

허다한 제사장의 무리도 이 도에 복종하니라

스데반이 잡히다

[8] 스데반이 은혜와 권능이 충만하여
큰 기사와 표적을 민간에 행하니

[9] 이른 바 자유민들 즉 구레네인, 알렉산드리아인,
길리기아와 아시아에서 온 사람들의 회당에서
어떤 자들이 일어나 스데반과 더불어 논쟁할새

[10] 스데반이 지혜와 성령으로 말함을
그들이 능히 당하지 못하여

[11] 사람들을 매수하여 말하게 하되
이 사람이 모세와 하나님을 모독하는 말을 하는 것을
우리가 들었노라 하게 하고

¹²백성과 장로와 서기관들을 충동시켜
와서 잡아가지고 공회에 이르러

¹³거짓 증인들을 세우니 이르되 이 사람이 이 거룩한 곳과
율법을 거슬러 말하기를 마지 아니하는도다

¹⁴그의 말에 이 나사렛 예수가 이 곳을 헐고
또 모세가 우리에게 전하여 준 규례(規例)를
고치겠다 함을 우리가 들었노라 하거늘

¹⁵공회 중에 앉은 사람들이 다 스데반을 주목하여 보니
그 얼굴이 천사의 얼굴과 같더라

스데반이 설교하다

7 ¹대제사장이 이르되 이것이 사실이냐

²스데반이 이르되 여러분 부형들이여 들으소서

우리 조상 아브라함이 하란에 있기 전
메소보다미아에 있을 때에 영광의 하나님이 그에게 보여

³이르시되 네 고향과 친척을 떠나
내가 네게 보일 땅으로 가라 하시니

⁴아브라함이 갈대아 사람의 땅을 떠나 하란에 거하다가
그의 아버지가 죽으매 하나님이 그를 거기서
너희 지금 사는 이 땅으로 옮기셨느니라

⁵그러나 여기서 발 붙일 만한 땅도
유업으로 주지 아니하시고 다만 이 땅을

아직 자식도 없는 그와 그의 후손에게
소유로 주신다고 약속하셨으며

⁶하나님이 또 이같이 말씀하시되

그 후손이 다른 땅에서 나그네가 되리니
그 땅 사람들이 종으로 삼아
사백 년 동안을 괴롭게 하리라 하시고

7 또 이르시되 종 삼는 나라를 내가 심판하리니
그 후에 그들이 나와서 이 곳에서 나를 섬기리라 하시고

8 할례의 언약을 아브라함에게 주셨더니 그가 이삭을 낳아
여드레 만에 할례를 행하고 이삭이 야곱을,
야곱이 우리 열두 조상을 낳으니라

9 여러 조상이 요셉을 시기하여 애굽에 팔았더니
하나님이 그와 함께 계셔

10 그 모든 환난에서 건져내사
애굽 왕 바로 앞에서 은총과 지혜를 주시매

44

바로가 그를 애굽과 자기 온 집의 통치자로 세웠느니라

11 그 때에 애굽과 가나안 온 땅에 흉년이 들어
큰 환난이 있을새 우리 조상들이 양식이 없는지라

12 야곱이 애굽에 곡식 있다는 말을 듣고
먼저 우리 조상들을 보내고

13 또 재차 보내매 요셉이 자기 형제들에게 알려지게 되고
또 요셉의 친족이 바로에게 드러나게 되니라

14 요셉이 사람을 보내어 그의 아버지 야곱과
온 친족 일흔다섯 사람을 청하였더니

15 야곱이 애굽으로 내려가 자기와 우리 조상들이 거기서 죽고

16 세겜으로 옮겨져 아브라함이 세겜 하몰의 자손에게서
은으로 값 주고 산 무덤에 장사되니라

¹⁷하나님이 아브라함에게 약속하신 때가 가까우매
이스라엘 백성이 애굽에서 번성하여 많아졌더니

¹⁸요셉을 알지 못하는 새 임금이 애굽 왕위에 오르매

¹⁹그가 우리 족속에게 교활한 방법을 써서
조상들을 괴롭게 하여 그 어린 아이들을 내버려
살지 못하게 하려 할새

²⁰그 때에 모세가 났는데 하나님 보시기에 아름다운지라
그의 아버지의 집에서 석 달 동안 길리더니

²¹버려진 후에 바로의 딸이 그를 데려다가
자기 아들로 기르매

²²모세가 애굽 사람의 모든 지혜를 배워
그의 말과 하는 일들이 능하더라

23 나이가 사십이 되매
그 형제 이스라엘 자손을 돌볼 생각이 나더니

24 한 사람이 원통한 일 당함을 보고 보호하여
압제 받는 자를 위하여 원수를 갚아
애굽 사람을 쳐 죽이니라

25 그는 그의 형제들이 하나님께서 자기의 손을 통하여
구원해 주시는 것을 깨달으리라고 생각하였으나
그들이 깨닫지 못하였더라

26 이튿날 이스라엘 사람끼리 싸울 때에
모세가 와서 화해시키려 하여 이르되
너희는 형제인데 어찌 서로 해치느냐 하니

27 그 동무를 해치는 사람이 모세를 밀어뜨려 이르되

누가 너를 관리와 재판장으로 우리 위에 세웠느냐

²⁸네가 어제는 애굽 사람을 죽임과 같이
또 나를 죽이려느냐 하니

²⁹모세가 이 말 때문에 도주하여 미디안 땅에서
나그네 되어 거기서 아들 둘을 낳으니라

³⁰사십 년이 차매 천사가 시내 산 광야
가시나무 떨기 불꽃 가운데서 그에게 보이거늘

³¹모세가 그 광경을 보고 놀랍게 여겨
알아보려고 가까이 가니 주의 소리가 있어

³²나는 네 조상의 하나님
즉 아브라함과 이삭과 야곱의 하나님이라 하신대
모세가 무서워 감히 바라보지 못하더라

33 주께서 이르시되 네 발의 신을 벗으라
네가 서 있는 곳은 거룩한 땅이니라

34 내 백성이 애굽에서 괴로움 받음을 내가 확실히 보고
그 탄식하는 소리를 듣고 그들을 구원하려고 내려왔노니
이제 내가 너를 애굽으로 보내리라 하시니라

35 그들의 말이 누가 너를 관리와 재판장으로 세웠느냐
하며 거절하던 그 모세를

하나님은 가시나무 떨기 가운데서 보이던 천사의 손으로
관리와 속량하는 자로서 보내셨으니

36 이 사람이 백성을 인도하여 나오게 하고
애굽과 홍해와 광야에서 사십 년간
기사와 표적을 행하였느니라

37이스라엘 자손에 대하여 하나님이 너희 형제 가운데서
나와 같은 선지자를 세우리라 하던 자가 곧 이 모세라

38시내 산에서 말하던 그 천사와
우리 조상들과 함께 광야 교회에 있었고

또 살아 있는 말씀을 받아
우리에게 주던 자가 이 사람이라

39우리 조상들이 모세에게 복종하지 아니하고자 하여
거절하며 그 마음이 도리어 애굽으로 향하여

40아론더러 이르되
우리를 인도할 신들을 우리를 위하여 만들라

애굽 땅에서 우리를 인도하던 이 모세는
어떻게 되었는지 알지 못하노라 하고

⁴¹그 때에 그들이 송아지를 만들어 그 우상 앞에 제사하며
자기 손으로 만든 것을 기뻐하더니

⁴²하나님이 외면하사 그들을
그 하늘의 군대 섬기는 일에 버려 두셨으니
이는 선지자의 책에 기록된 바

이스라엘의 집이여 너희가 광야에서 사십 년간
희생과 제물을 내게 드린 일이 있었느냐

⁴³몰록의 장막과 신 레판의 별을 받들었음이여
이것은 너희가 절하고자 하여 만든 형상이로다
내가 너희를 바벨론 밖으로 옮기리라 함과 같으니라

⁴⁴광야에서 우리 조상들에게 증거의 장막이 있었으니
이것은 모세에게 말씀하신 이가 명하사

그가 본 그 양식대로 만들게 하신 것이라

45 우리 조상들이 그것을 받아 하나님이 그들 앞에서
쫓아내신 이방인의 땅을 점령할 때에
여호수아와 함께 가지고 들어가서 다윗 때까지 이르니라

46 다윗이 하나님 앞에서 은혜를 받아 야곱의 집을 위하여
하나님의 처소를 준비하게 하여 달라고 하더니

47 솔로몬이 그를 위하여 집을 지었느니라

48 그러나 지극히 높으신 이는
손으로 지은 곳에 계시지 아니하시나니 선지자가 말한 바

49 주께서 이르시되
하늘은 나의 보좌요 땅은 나의 발등상이니
너희가 나를 위하여 무슨 집을 짓겠으며

나의 안식할 처소(處所)가 어디냐

⁵⁰이 모든 것이 다 내 손으로 지은 것이 아니냐
함과 같으니라

⁵¹목이 곧고 마음과 귀에 할례를 받지 못한 사람들아
너희도 너희 조상과 같이 항상 성령을 거스르는도다

⁵²너희 조상들이 선지자들 중의 누구를 박해하지 아니하였느냐
의인이 오시리라 예고한 자들을 그들이 죽였고
이제 너희는 그 의인을 잡아 준 자요 살인한 자가 되나니

⁵³너희는 천사가 전한 율법을 받고도
지키지 아니하였도다 하니라

스데반이 순교하다
⁵⁴그들이 이 말을 듣고 마음에 찔려 그를 향하여 이를 갈거늘

55 스데반이 성령 충만하여 하늘을 우러러 주목하여
하나님의 영광과 및 예수께서 하나님 우편에 서신 것을 보고

56 말하되 보라 하늘이 열리고
인자(人子)가 하나님 우편에 서신 것을 보노라 한대

57 그들이 큰 소리를 지르며 귀를 막고 일제히 그에게 달려들어

58 성 밖으로 내치고 돌로 칠새 증인들이 옷을 벗어
사울이라 하는 청년의 발 앞에 두니라

59 그들이 돌로 스데반을 치니 스데반이 부르짖어 이르되
주 예수여 내 영혼을 받으시옵소서 하고

60 무릎을 꿇고 크게 불러 이르되
주여 이 죄를 그들에게 돌리지 마옵소서
이 말을 하고 자니라

8 ¹사울은 그가 죽임 당함을 마땅히 여기더라

사울이 교회를 박해하다

그 날에 예루살렘에 있는 교회에 큰 박해가 있어
사도 외에는 다 유대와 사마리아 모든 땅으로 흩어지니라

²경건한 사람들이 스데반을 장사하고 위하여 크게 울더라

³사울이 교회를 잔멸할새
각 집에 들어가 남녀를 끌어다가 옥에 넘기니라

사마리아에 복음을 전하다

⁴그 흩어진 사람들이 두루 다니며 복음의 말씀을 전할새

⁵빌립이 사마리아 성에 내려가 그리스도를 백성에게 전파하니

⁶무리가 빌립의 말도 듣고 행하는 표적도 보고
한마음으로 그가 하는 말을 따르더라

7많은 사람에게 붙었던 더러운 귀신들이
크게 소리를 지르며 나가고
또 많은 중풍병자와 못 걷는 사람이 나으니

8그 성에 큰 기쁨이 있더라

9그 성에 시몬이라 하는 사람이 전부터 있어
마술을 행하여 사마리아 백성을 놀라게 하며
자칭 큰 자라 하니

10낮은 사람부터 높은 사람까지 다 따르며 이르되
이 사람은 크다 일컫는 하나님의 능력이라 하더라

11오랫동안 그 마술에 놀랐으므로 그들이 따르더니

12빌립이 하나님 나라와 및 예수 그리스도의 이름에 관하여
전도함을 그들이 믿고 남녀가 다 세례를 받으니

13시몬도 믿고 세례를 받은 후에 전심으로 빌립을 따라다니며
그 나타나는 표적과 큰 능력을 보고 놀라니라

14예루살렘에 있는 사도들이
사마리아도 하나님의 말씀을 받았다 함을 듣고
베드로와 요한을 보내매

15그들이 내려가서 그들을 위하여 성령 받기를 기도하니

16이는 아직 한 사람에게도 성령 내리신 일이 없고
오직 주 예수의 이름으로 세례만 받을 뿐이더라

17이에 두 사도가 그들에게 안수하매 성령을 받는지라

18시몬이 사도들의 안수로 성령 받는 것을 보고 돈을 드려

19이르되 이 권능을 내게도 주어 누구든지
내가 안수하는 사람은 성령을 받게 하여 주소서 하니

²⁰베드로가 이르되 네가 하나님의 선물을 돈 주고 살 줄로
생각하였으니 네 은과 네가 함께 망할지어다

²¹하나님 앞에서 네 마음이 바르지 못하니
이 도에는 네가 관계도 없고 분깃 될 것도 없느니라

²²그러므로 너의 이 악함을 회개하고 주께 기도하라
혹 마음에 품은 것을 사하여 주시리라

²³내가 보니 너는 악독이 가득하며 불의에 매인 바 되었도다

²⁴시몬이 대답하여 이르되 나를 위하여 주께 기도하여
말한 것이 하나도 내게 임하지 않게 하소서 하니라

²⁵두 사도가 주의 말씀을 증언하여 말한 후
예루살렘으로 돌아갈새
사마리아인의 여러 마을에서 복음을 전하니라

빌립과 에디오피아 내시

²⁶주의 사자가 빌립에게 말하여 이르되
일어나서 남쪽으로 향하여 예루살렘에서
가사로 내려가는 길까지 가라 하니 그 길은 광야라

²⁷일어나 가서 보니 에디오피아 사람 곧 에디오피아 여왕
간다게의 모든 국고(國庫)를 맡은 관리인 내시가
예배하러 예루살렘에 왔다가

²⁸돌아가는데 수레를 타고 선지자 이사야의 글을 읽더라

²⁹성령이 빌립더러 이르시되
이 수레로 가까이 나아가라 하시거늘

³⁰빌립이 달려가서 선지자 이사야의 글 읽는 것을 듣고
말하되 읽는 것을 깨닫느냐

³¹대답하되 지도해 주는 사람이 없으니
어찌 깨달을 수 있느냐 하고 빌립을 청하여
수레에 올라 같이 앉으라 하니라

³²읽는 성경 구절은 이것이니 일렀으되
그가 도살자에게로 가는 양과 같이 끌려갔고

털 깎는 자 앞에 있는 어린 양이 조용함과 같이
그의 입을 열지 아니하였도다

³³그가 굴욕을 당했을 때 공정한 재판도 받지 못하였으니
누가 그의 세대를 말하리요
그의 생명이 땅에서 빼앗김이로다 하였거늘

³⁴그 내시가 빌립에게 말하되 청컨대 내가 묻노니
선지자가 이 말한 것이 누구를 가리킴이냐

자기를 가리킴이냐 타인을 가리킴이냐

³⁵빌립이 입을 열어 이 글에서 시작하여
예수를 가르쳐 복음을 전하니

³⁶길 가다가 물 있는 곳에 이르러 그 내시가 말하되 보라
물이 있으니 내가 세례를 받음에 무슨 거리낌이 있느냐

³⁷(없음)

³⁸이에 명하여 수레를 멈추고 빌립과 내시가
둘 다 물에 내려가 빌립이 세례를 베풀고

³⁹둘이 물에서 올라올새 주의 영이 빌립을 이끌어간지라
내시는 기쁘게 길을 가므로 그를 다시 보지 못하니라

⁴⁰빌립은 아소도에 나타나 여러 성을 지나 다니며
복음을 전하고 가이사랴에 이르니라

사울이 회개하다

9 ¹사울이 주의 제자들에 대하여 여전히
위협과 살기가 등등하여 대제사장에게 가서

²다메섹 여러 회당에 가져갈 공문을 청하니
이는 만일 그 도를 따르는 사람을 만나면
남녀를 막론하고 결박하여 예루살렘으로 잡아오려 함이라

³사울이 길을 가다가 다메섹에 가까이 이르더니
홀연히 하늘로부터 빛이 그를 둘러 비추는지라

⁴땅에 엎드려져 들으매 소리가 있어 이르시되
사울아 사울아 네가 어찌하여 나를 박해하느냐 하시거늘

⁵대답하되 주여 누구시니이까
이르시되 나는 네가 박해하는 예수라

⁶너는 일어나 시내로 들어가라
네가 행할 것을 네게 이를 자가 있느니라 하시니

⁷같이 가던 사람들은 소리만 듣고
아무도 보지 못하여 말을 못하고 서 있더라

⁸사울이 땅에서 일어나 눈은 떴으나 아무 것도 보지 못하고
사람의 손에 끌려 다메섹으로 들어가서

⁹사흘 동안 보지 못하고 먹지도 마시지도 아니하니라

¹⁰그 때에 다메섹에 아나니아라 하는 제자가 있더니
주께서 환상 중에 불러 이르시되 아나니아야 하시거늘
대답하되 주여 내가 여기 있나이다 하니

¹¹주께서 이르시되 일어나 직가라 하는 거리로 가서
유다의 집에서 다소 사람 사울이라 하는 사람을 찾으라

그가 기도하는 중이니라

¹²그가 아나니아라 하는 사람이 들어와서 자기에게 안수하여
다시 보게 하는 것을 보았느니라 하시거늘

¹³아나니아가 대답하되 주여
이 사람에 대하여 내가 여러 사람에게 듣사온즉

그가 예루살렘에서 주의 성도에게
적지 않은 해를 끼쳤다 하더니

¹⁴여기서도 주의 이름을 부르는 모든 사람을 결박(結縛)할
권한을 대제사장들에게서 받았나이다 하거늘

¹⁵주께서 이르시되 가라 이 사람은 내 이름을
이방인과 임금들과 이스라엘 자손들에게 전하기 위하여
택한 나의 그릇이라

16그가 내 이름을 위하여 얼마나 고난을 받아야 할 것을
내가 그에게 보이리라 하시니

17아나니아가 떠나 그 집에 들어가서 그에게 안수하여 이르되
형제 사울아 주 곧 네가 오는 길에서 나타나셨던 예수께서

나를 보내어 너로 다시 보게 하시고
성령으로 충만하게 하신다 하니

18즉시 사울의 눈에서 비늘 같은 것이 벗어져
다시 보게 된지라 일어나 세례를 받고

19음식을 먹으매 강건하여지니라

사울이 다메섹에서 전도하다

사울이 다메섹에 있는 제자들과 함께 며칠 있을새

20즉시로 각 회당에서 예수가 하나님의 아들이심을 전파하니

21 듣는 사람이 다 놀라 말하되 이 사람이 예루살렘에서
이 이름을 부르는 사람을 멸하려던 자가 아니냐

여기 온 것도 그들을 결박하여
대제사장들에게 끌어 가고자 함이 아니냐 하더라

22 사울은 힘을 더 얻어 예수를 그리스도라 증언하여
다메섹에 사는 유대인들을 당혹하게 하니라

사울이 피신하다

23 여러 날이 지나매 유대인들이 사울 죽이기를 공모하더니

24 그 계교(計較)가 사울에게 알려지니라
그들이 그를 죽이려고 밤낮으로 성문까지 지키거늘

25 그의 제자들이 밤에 사울을 광주리에 담아
성벽에서 달아 내리니라

사울이 예루살렘에 가다

²⁶사울이 예루살렘에 가서 제자들을 사귀고자 하나
다 두려워하여 그가 제자 됨을 믿지 아니하니

²⁷바나바가 데리고 사도들에게 가서
그가 길에서 어떻게 주를 보았는지와
주께서 그에게 말씀하신 일과

다메섹에서 그가 어떻게 예수의 이름으로
담대히 말하였는지를 전하니라

²⁸사울이 제자들과 함께 있어 예루살렘에 출입하며

²⁹또 주 예수의 이름으로 담대히 말하고
헬라파 유대인들과 함께 말하며 변론하니
그 사람들이 죽이려고 힘쓰거늘

30 형제들이 알고 가이사랴로 데리고 내려가서 다소로 보내니라

31 그리하여 온 유대와 갈릴리와 사마리아 교회가
평안하여 든든히 서 가고
주를 경외함과 성령의 위로로 진행하여 수가 더 많아지니라

베드로가 중풍병자를 고치다

32 그 때에 베드로가 사방으로 두루 다니다가
룻다에 사는 성도들에게도 내려갔더니

33 거기서 애니아라 하는 사람을 만나매
그는 중풍병으로 침상 위에 누운 지 여덟 해라

34 베드로가 이르되 애니아야
예수 그리스도께서 너를 낫게 하시니
일어나 네 자리를 정돈하라 한대 곧 일어나니

³⁵룻다와 사론에 사는 사람들이
다 그를 보고 주께로 돌아오니라

베드로가 도르가를 살리다

³⁶욥바에 다비다라 하는 여제자가 있으니
그 이름을 번역하면 도르가라
선행과 구제하는 일이 심히 많더니

³⁷그 때에 병들어 죽으매 시체를 씻어 다락에 누이니라

³⁸룻다가 욥바에서 가까운지라
제자들이 베드로가 거기 있음을 듣고
두 사람을 보내어 지체 말고 와 달라고 간청하여

³⁹베드로가 일어나 그들과 함께 가서 이르매
그들이 데리고 다락방에 올라가니

모든 과부가 베드로 곁에 서서 울며
도르가가 그들과 함께 있을 때에
지은 속옷과 겉옷을 다 내보이거늘

40 베드로가 사람을 다 내보내고 무릎을 꿇고 기도하고
돌이켜 시체를 향하여 이르되 다비다야 일어나라 하니
그가 눈을 떠 베드로를 보고 일어나 앉는지라

41 베드로가 손을 내밀어 일으키고
성도들과 과부들을 불러 들여 그가 살아난 것을 보이니

42 온 욥바 사람이 알고 많은 사람이 주를 믿더라

43 베드로가 욥바에 여러 날 있어
시몬이라 하는 무두장이의 집에서 머무니라

고넬료가 베드로를 청하다

10
¹가이사랴에 고넬료라 하는 사람이 있으니
이달리야 부대라 하는 군대의 백부장이라

²그가 경건하여 온 집안과 더불어 하나님을 경외(敬畏)하며
백성을 많이 구제하고 하나님께 항상 기도하더니

³하루는 제 구 시쯤 되어 환상 중에 밝히 보매
하나님의 사자가 들어와 이르되 고넬료야 하니

⁴고넬료가 주목하여 보고 두려워 이르되
주여 무슨 일이니이까

천사가 이르되 네 기도와 구제가
하나님 앞에 상달(上達)되어 기억하신 바가 되었으니

⁵네가 지금 사람들을 욥바에 보내어
베드로라 하는 시몬을 청하라

⁶그는 무두장이 시몬의 집에 유숙하니
그 집은 해변에 있다 하더라

⁷마침 말하던 천사가 떠나매 고넬료가 집안 하인 둘과
부하 가운데 경건한 사람 하나를 불러

⁸이 일을 다 이르고 욥바로 보내니라

⁹이튿날 그들이 길을 가다가
그 성에 가까이 갔을 그 때에

베드로가 기도하려고 지붕에 올라가니
그 시각은 제 육 시더라

¹⁰그가 시장하여 먹고자 하매
사람들이 준비할 때에 황홀한 중에

¹¹하늘이 열리며 한 그릇이 내려오는 것을 보니

큰 보자기 같고 네 귀를 매어 땅에 드리웠더라

¹²그 안에는 땅에 있는 각종 네 발 가진 짐승과
기는 것과 공중에 나는 것들이 있더라

¹³또 소리가 있으되 베드로야 일어나 잡아 먹어라 하거늘

¹⁴베드로가 이르되 주여 그럴 수 없나이다
속되고 깨끗하지 아니한 것을
내가 결코 먹지 아니하였나이다 한대

¹⁵또 두 번째 소리가 있으되 하나님께서 깨끗하게 하신 것을
네가 속되다 하지 말라 하더라

¹⁶이런 일이 세 번 있은 후
그 그릇이 곧 하늘로 올려져 가니라

¹⁷베드로가 본 바 환상이 무슨 뜻인지 속으로 의아해 하더니

마침 고넬료가 보낸 사람들이
시몬의 집을 찾아 문 밖에 서서

18 불러 묻되 베드로라 하는 시몬이 여기 유숙하느냐 하거늘

19 베드로가 그 환상에 대하여 생각할 때에
성령께서 그에게 말씀하시되 두 사람이 너를 찾으니

20 일어나 내려가 의심하지 말고 함께 가라
내가 그들을 보내었느니라 하시니

21 베드로가 내려가 그 사람들을 보고 이르되
내가 곧 너희가 찾는 사람인데 너희가 무슨 일로 왔느냐

22 그들이 대답하되 백부장 고넬료는 의인이요
하나님을 경외하는 사람이라 유대 온 족속이 칭찬하더니
그가 거룩한 천사(天使)의 지시를 받아

당신을 그 집으로 청하여 말을 들으려 하느니라 한대

²³베드로가 불러 들여 유숙하게 하니라

베드로가 고넬료의 집에서 설교하다

이튿날 일어나 그들과 함께 갈새
욥바에서 온 어떤 형제들도 함께 가니라

²⁴이튿날 가이사랴에 들어가니
고넬료가 그의 친척과 가까운 친구들을 모아 기다리더니

²⁵마침 베드로가 들어올 때에
고넬료가 맞아 발 앞에 엎드리어 절하니

²⁶베드로가 일으켜 이르되 일어서라 나도 사람이라 하고

²⁷더불어 말하며 들어가 여러 사람이 모인 것을 보고

²⁸이르되 유대인으로서 이방인과 교제하며

가까이 하는 것이 위법인 줄은 너희도 알거니와
하나님께서 내게 지시하사 아무도 속되다 하거나
깨끗하지 않다 하지 말라 하시기로

29 부름을 사양하지 아니하고 왔노라
묻노니 무슨 일로 나를 불렀느냐

30 고넬료가 이르되 내가 나흘 전 이맘때까지
내 집에서 제 구 시 기도를 하는데
갑자기 한 사람이 빛난 옷을 입고 내 앞에 서서

31 말하되 고넬료야
하나님이 네 기도를 들으시고 네 구제를 기억하셨으니

32 사람을 욥바에 보내어 베드로라 하는 시몬을 청하라
그가 바닷가 무두장이 시몬의 집에 유숙하느니라 하시기로

³³내가 곧 당신에게 사람을 보내었는데 오셨으니 잘하였나이다
이제 우리는 주께서 당신에게 명하신 모든 것을
듣고자 하여 다 하나님 앞에 있나이다

³⁴베드로가 입을 열어 말하되
내가 참으로 하나님은 사람의 외모를 보지 아니하시고

³⁵각 나라 중 하나님을 경외하며
의를 행하는 사람은 다 받으시는 줄 깨달았도다

³⁶만유의 주 되신 예수 그리스도로 말미암아
화평의 복음을 전하사 이스라엘 자손들에게 보내신 말씀

³⁷곧 요한이 그 세례를 반포(頒布)한 후에 갈릴리에서 시작하여
온 유대에 두루 전파된 그것을 너희도 알거니와

³⁸하나님이 나사렛 예수에게 성령과 능력을 기름 붓듯 하셨으매

그가 두루 다니시며 선한 일을 행하시고
마귀에게 눌린 모든 사람을 고치셨으니
이는 하나님이 함께 하셨음이라

---

39 우리는 유대인의 땅과 예루살렘에서
그가 행하신 모든 일에 증인이라
그를 그들이 나무에 달아 죽였으나

---

40 하나님이 사흘 만에 다시 살리사 나타내시되

---

41 모든 백성에게 하신 것이 아니요
오직 미리 택하신 증인 곧 죽은 자 가운데서 부활하신 후
그를 모시고 음식을 먹은 우리에게 하신 것이라

---

42 우리에게 명하사 백성에게 전도하되
하나님이 살아 있는 자와 죽은 자의 재판장으로

정하신 자가 곧 이 사람인 것을 증언하게 하셨고

⁴³그에 대하여 모든 선지자도 증언하되
그를 믿는 사람들이 다 그의 이름을 힘입어
죄 사함을 받는다 하였느니라

이방인들도 성령을 받다
⁴⁴베드로가 이 말을 할 때에
성령이 말씀 듣는 모든 사람에게 내려오시니

⁴⁵베드로와 함께 온 할례 받은 신자들이
이방인들에게도 성령 부어 주심으로 말미암아 놀라니

⁴⁶이는 방언(方言)을 말하며 하나님 높임을 들음이러라

⁴⁷이에 베드로가 이르되
이 사람들이 우리와 같이 성령을 받았으니

누가 능히 물로 세례 베풂을 금하리요 하고

⁴⁸명하여 예수 그리스도의 이름으로 세례를 베풀라 하니라 그들이 베드로에게 며칠 더 머물기를 청하니라

베드로가 예루살렘 교회에 보고하다

11 ¹유대에 있는 사도들과 형제들이 이방인(異邦人)들도 하나님의 말씀을 받았다 함을 들었더니

²베드로가 예루살렘에 올라갔을 때에 할례자들이 비난하여

³이르되 네가 무할례자의 집에 들어가 함께 먹었다 하니

⁴베드로가 그들에게 이 일을 차례로 설명하여

⁵이르되 내가 욥바 시에서 기도할 때에 황홀한 중에 환상을 보니 큰 보자기 같은 그릇이 네 귀에 매어 하늘로부터 내리어 내 앞에까지 드리워지거늘

⁶이것을 주목하여 보니 땅에 네 발 가진 것과
들짐승과 기는 것과 공중에 나는 것들이 보이더라

⁷또 들으니 소리 있어 내게 이르되
베드로야 일어나 잡아 먹으라 하거늘

⁸내가 이르되 주님 그럴 수 없나이다
속되거나 깨끗하지 아니한 것은
결코 내 입에 들어간 일이 없나이다 하니

⁹또 하늘로부터 두 번째 소리 있어 내게 이르되
하나님이 깨끗하게 하신 것을 네가 속되다고 하지 말라
하더라

¹⁰이런 일이 세 번 있은 후에
모든 것이 다시 하늘로 끌려 올라가더라

11 마침 세 사람이 내가 유숙한 집 앞에 서 있으니
가이사랴에서 내게로 보낸 사람이라

12 성령이 내게 명하사 아무 의심 말고 함께 가라 하시매
이 여섯 형제도 나와 함께 가서 그 사람의 집에 들어가니

13 그가 우리에게 말하기를 천사가 내 집에 서서 말하되
네가 사람을 욥바에 보내어 베드로라 하는 시몬을 청하라

14 그가 너와 네 온 집이 구원 받을 말씀을
네게 이르리라 함을 보았다 하거늘

15 내가 말을 시작할 때에 성령이 그들에게 임하시기를
처음 우리에게 하신 것과 같이 하는지라

16 내가 주의 말씀에 요한은 물로 세례를 베풀었으나
너희는 성령으로 세례를 받으리라 하신 것이 생각났노라

¹⁷그런즉 하나님이 우리가 주 예수 그리스도를 믿을 때에
주신 것과 같은 선물(膳物)을 그들에게도 주셨으니
내가 누구이기에 하나님을 능히 막겠느냐 하더라

¹⁸그들이 이 말을 듣고 잠잠하여 하나님께 영광을 돌려
이르되 그러면 하나님께서 이방인에게도
생명 얻는 회개를 주셨도다 하니라

안디옥 교회

¹⁹그 때에 스데반의 일로 일어난 환난으로 말미암아
흩어진 자들이 베니게와 구브로와 안디옥까지 이르러
유대인에게만 말씀을 전하는데

²⁰그 중에 구브로와 구레네 몇 사람이 안디옥에 이르러
헬라인에게도 말하여 주 예수를 전파하니

²¹주의 손이 그들과 함께 하시매
수많은 사람들이 믿고 주께 돌아오더라

²²예루살렘 교회가 이 사람들의 소문을 듣고
바나바를 안디옥까지 보내니

²³그가 이르러 하나님의 은혜를 보고 기뻐하여
모든 사람에게 굳건한 마음으로
주와 함께 머물러 있으라 권하니

²⁴바나바는 착한 사람이요 성령과 믿음이 충만한 사람이라
이에 큰 무리가 주께 더하여지더라

²⁵바나바가 사울을 찾으러 다소에 가서

²⁶만나매 안디옥에 데리고 와서
둘이 교회에 일 년간 모여 있어 큰 무리를 가르쳤고

제자들이 안디옥에서 비로소
그리스도인이라 일컬음을 받게 되었더라

27 그 때에 선지자들이 예루살렘에서 안디옥에 이르니

28 그 중에 아가보라 하는 한 사람이 일어나
성령으로 말하되 천하에 큰 흉년이 들리라 하더니
글라우디오 때에 그렇게 되니라

29 제자들이 각각 그 힘대로 유대에 사는 형제들에게
부조(扶助)를 보내기로 작정하고

30 이를 실행하여 바나바와 사울의 손으로 장로들에게 보내니라

야고보의 순교와 베드로의 투옥

12

1 그 때에 헤롯 왕이 손을 들어
교회 중에서 몇 사람을 해하려 하여

2 요한의 형제 야고보를 칼로 죽이니

3 유대인들이 이 일을 기뻐하는 것을 보고
베드로도 잡으려 할새 때는 무교절 기간이라

4 잡으매 옥에 가두어 군인 넷씩인 네 패에게 맡겨 지키고
유월절 후에 백성 앞에 끌어 내고자 하더라

5 이에 베드로는 옥에 갇혔고
교회는 그를 위하여 간절히 하나님께 기도하더라

6 헤롯이 잡아 내려고 하는 그 전날 밤에 베드로가
두 군인 틈에서 두 쇠사슬에 매여 누워 자는데
파수꾼들이 문 밖에서 옥을 지키더니

7 홀연히 주의 사자가 나타나매 옥중에 광채가 빛나며
또 베드로의 옆구리를 쳐 깨워 이르되 급히 일어나라 하니

쇠사슬이 그 손에서 벗어지더라

⁸천사가 이르되 띠를 띠고 신을 신으라 하거늘
베드로가 그대로 하니
천사가 또 이르되 겉옷을 입고 따라오라 한대

⁹베드로가 나와서 따라갈새
천사가 하는 것이 생시인 줄 알지 못하고
환상을 보는가 하니라

¹⁰이에 첫째와 둘째 파수를 지나
시내로 통한 쇠문에 이르니 문이 저절로 열리는지라
나와서 한 거리를 지나매 천사가 곧 떠나더라

¹¹이에 베드로가 정신이 들어 이르되
내가 이제야 참으로 주께서 그의 천사를 보내어

나를 헤롯의 손과 유대 백성의 모든 기대에서
벗어나게 하신 줄 알겠노라 하여

12깨닫고 마가라 하는 요한의 어머니 마리아의 집에 가니
여러 사람이 거기에 모여 기도하고 있더라

13베드로가 대문을 두드린대
로데라 하는 여자 아이가 영접하러 나왔다가

14베드로의 음성인 줄 알고 기뻐하여
문을 미처 열지 못하고 달려 들어가 말하되
베드로가 대문 밖에 섰더라 하니

15그들이 말하되 네가 미쳤다 하나
여자 아이는 힘써 말하되 참말이라 하니
그들이 말하되 그러면 그의 천사라 하더라

¹⁶베드로가 문 두드리기를 그치지 아니하니
그들이 문을 열어 베드로를 보고 놀라는지라

¹⁷베드로가 그들에게 손짓하여 조용하게 하고
주께서 자기를 이끌어 옥에서 나오게 하던 일을 말하고

또 야고보와 형제들에게 이 말을 전하라 하고
떠나 다른 곳으로 가니라

¹⁸날이 새매 군인들은 베드로가 어떻게 되었는지
알지 못하여 적지 않게 소동하니

¹⁹헤롯이 그를 찾아도 보지 못하매
파수꾼들을 심문하고 죽이라 명하니라
헤롯이 유대를 떠나 가이사랴로 내려가서 머무니라

헤롯이 죽다

²⁰헤롯이 두로와 시돈 사람들을 대단히 노여워하니
그들의 지방이 왕국에서 나는 양식을 먹는 까닭에

한마음으로 그에게 나아와 왕의 침소 맡은 신하
블라스도를 설득하여 화목하기를 청한지라

²¹헤롯이 날을 택하여 왕복을 입고
단상에 앉아 백성에게 연설하니

²²백성들이 크게 부르되
이것은 신의 소리요 사람의 소리가 아니라 하거늘

²³헤롯이 영광을 하나님께로 돌리지 아니하므로
주의 사자가 곧 치니 벌레에게 먹혀 죽으니라

²⁴하나님의 말씀은 흥왕하여 더하더라

²⁵바나바와 사울이 부조하는 일을 마치고

마가라 하는 요한을 데리고 예루살렘에서 돌아오니라

바나바와 사울을 보내다

13 ¹안디옥 교회에 선지자들과 교사들이 있으니
곧 바나바와 니게르라 하는 시므온과

구레네 사람 루기오와 분봉 왕 헤롯의 젖동생
마나엔과 및 사울이라

²주를 섬겨 금식할 때에 성령이 이르시되
내가 불러 시키는 일을 위하여
바나바와 사울을 따로 세우라 하시니

³이에 금식하며 기도하고 두 사람에게 안수하여 보내니라

바나바와 사울이 구브로에서 전도하다
⁴두 사람이 성령의 보내심을 받아 실루기아에 내려가

거기서 배 타고 구브로에 가서

5 살라미에 이르러 하나님의 말씀을 유대인의 여러 회당에서
전할새 요한을 수행원(隨行員)으로 두었더라

6 온 섬 가운데로 지나서 바보에 이르러
바예수라 하는 유대인 거짓 선지자인 마술사를 만나니

7 그가 총독 서기오 바울과 함께 있으니
서기오 바울은 지혜 있는 사람이라
바나바와 사울을 불러 하나님의 말씀을 듣고자 하더라

8 이 마술사 엘루마는 (이 이름을 번역하면 마술사라)
그들을 대적하여 총독으로 믿지 못하게 힘쓰니

9 바울이라고 하는 사울이 성령이 충만하여 그를 주목하고

10 이르되 모든 거짓과 악행이 가득한 자요

마귀의 자식이요 모든 의의 원수여
주의 바른 길을 굽게 하기를 그치지 아니하겠느냐

¹¹보라 이제 주의 손이 네 위에 있으니
네가 맹인이 되어 얼마 동안 해를 보지 못하리라 하니
즉시 안개와 어둠이 그를 덮어 인도할 사람을 두루 구하는지라

¹²이에 총독이 그렇게 된 것을 보고 믿으며
주의 가르치심을 놀랍게 여기니라

바울과 바나바가 비시디아 안디옥에서 전도하다

¹³바울과 및 동행(同行)하는 사람들이
바보에서 배 타고 밤빌리아에 있는 버가에 이르니
요한은 그들에게서 떠나 예루살렘으로 돌아가고

¹⁴그들은 버가에서 더 나아가 비시디아 안디옥에 이르러

안식일에 회당에 들어가 앉으니라

¹⁵율법과 선지자의 글을 읽은 후에
회당장들이 사람을 보내어 물어 이르되
형제들아 만일 백성을 권할 말이 있거든 말하라 하니

¹⁶바울이 일어나 손짓하며 말하되
이스라엘 사람들과 및 하나님을 경외하는 사람들아 들으라

¹⁷이 이스라엘 백성의 하나님이 우리 조상들을 택하시고
애굽 땅에서 나그네 된 그 백성을 높여
큰 권능으로 인도하여 내사

¹⁸광야에서 약 사십 년간 그들의 소행(所行)을 참으시고

¹⁹가나안 땅 일곱 족속을 멸하사
그 땅을 기업으로 주시기까지 약 사백오십 년간이라

²⁰그 후에 선지자 사무엘 때까지 사사(士師)를 주셨더니

²¹그 후에 그들이 왕을 구하거늘 하나님이
베냐민 지파 사람 기스의 아들 사울을 사십 년간 주셨다가

²²폐하시고 다윗을 왕으로 세우시고 증언하여 이르시되
내가 이새의 아들 다윗을 만나니 내 마음에 맞는 사람이라
내 뜻을 다 이루리라 하시더니

²³하나님이 약속하신 대로 이 사람의 후손에서
이스라엘을 위하여 구주를 세우셨으니 곧 예수라

²⁴그가 오시기에 앞서 요한이 먼저
회개의 세례를 이스라엘 모든 백성에게 전파하니라

²⁵요한이 그 달려갈 길을 마칠 때에 말하되
너희가 나를 누구로 생각하느냐

나는 그리스도가 아니라 내 뒤에 오시는 이가 있으니
나는 그 발의 신발끈을 풀기도 감당하지 못하리라 하였으니

26 형제들아 아브라함의 후손과 너희 중
하나님을 경외하는 사람들아
이 구원의 말씀을 우리에게 보내셨거늘

27 예루살렘에 사는 자들과 그들 관리들이 예수와 및
안식일마다 외우는 바 선지자들의 말을 알지 못하므로
예수를 정죄(定罪)하여 선지자들의 말을 응하게 하였도다

28 죽일 죄를 하나도 찾지 못하였으나
빌라도에게 죽여 달라 하였으니

29 성경에 그를 가리켜 기록한 말씀을 다 응하게 한 것이라
후에 나무에서 내려다가 무덤에 두었으나

³⁰하나님이 죽은 자 가운데서 그를 살리신지라

³¹갈릴리로부터 예루살렘에 함께 올라간 사람들에게
여러 날 보이셨으니 그들이 이제 백성 앞에서 그의 증인이라

³²우리도 조상들에게 주신 약속을 너희에게 전파하노니

³³곧 하나님이 예수를 일으키사
우리 자녀들에게 이 약속을 이루게 하셨다 함이라

시편 둘째 편에 기록한 바와 같이
너는 내 아들이라 오늘 너를 낳았다 하셨고

³⁴또 하나님께서 죽은 자 가운데서 그를 일으키사
다시 썩음을 당하지 않게 하실 것을 가르쳐 이르시되
내가 다윗의 거룩하고 미쁜 은사를 너희에게 주리라 하셨으며

³⁵또 다른 시편에 일렀으되 주의 거룩한 자로

썩음을 당하지 않게 하시리라 하셨느니라

36 다윗은 당시에 하나님의 뜻을 따라 섬기다가 잠들어
그 조상들과 함께 묻혀 썩음을 당하였으되

37 하나님께서 살리신 이는 썩음을 당하지 아니하였나니

38 그러므로 형제들아 너희가 알 것은
이 사람을 힘입어 죄 사함을 너희에게 전하는 이것이며

39 또 모세의 율법으로 너희가 의롭다 하심을
얻지 못하던 모든 일에도 이 사람을 힘입어
믿는 자마다 의롭다 하심을 얻는 이것이라

40 그런즉 너희는 선지자들을 통하여 말씀하신 것이
너희에게 미칠까 삼가라

41 일렀으되 보라 멸시하는 사람들아 너희는 놀라고 멸망하라

내가 너희 때를 당하여 한 일을 행할 것이니
사람이 너희에게 일러줄지라도 도무지 믿지 못할 일이라
하였느니라 하니라

42 그들이 나갈새 사람들이 청하되
다음 안식일에도 이 말씀을 하라 하더라

43 회당의 모임이 끝난 후에
유대인과 유대교에 입교(入敎)한 경건한 사람들이

많이 바울과 바나바를 따르니 두 사도가 더불어 말하고
항상 하나님의 은혜 가운데 있으라 권하니라

44 그 다음 안식일에는 온 시민이
거의 다 하나님의 말씀을 듣고자 하여 모이니

45 유대인들이 그 무리를 보고 시기가 가득하여

바울이 말한 것을 반박하고 비방하거늘

⁴⁶바울과 바나바가 담대히 말하여 이르되
하나님의 말씀을 마땅히 먼저 너희에게 전할 것이로되

너희가 그것을 버리고 영생을 얻기에 합당하지 않은 자로
자처하기로 우리가 이방인에게로 향하노라

⁴⁷주께서 이같이 우리에게 명하시되
내가 너를 이방의 빛으로 삼아
너로 땅 끝까지 구원하게 하리라 하셨느니라 하니

⁴⁸이방인들이 듣고 기뻐하여 하나님의 말씀을 찬송하며
영생을 주시기로 작정된 자는 다 믿더라

⁴⁹주의 말씀이 그 지방에 두루 퍼지니라

⁵⁰이에 유대인들이 경건한 귀부인들과

그 시내 유력자들을 선동하여 바울과 바나바를
박해하게 하여 그 지역(地域)에서 쫓아내니

⁵¹두 사람이 그들을 향하여
발의 티끌을 떨어 버리고 이고니온으로 가거늘

⁵²제자들은 기쁨과 성령이 충만하니라

바울과 바나바가 이고니온에서 전도하다

14 ¹이에 이고니온에서 두 사도가 함께
유대인의 회당에 들어가 말하니
유대와 헬라의 허다한 무리가 믿더라

²그러나 순종하지 아니하는 유대인들이
이방인들의 마음을 선동하여 형제들에게 악감을 품게 하거늘

³두 사도가 오래 있어 주를 힘입어 담대히 말하니

주께서 그들의 손으로 표적과 기사(奇事)를 행하게 하여 주사
자기 은혜의 말씀을 증언하시니

4 그 시내의 무리가 나뉘어 유대인을 따르는 자도 있고
두 사도를 따르는 자도 있는지라

5 이방인과 유대인과 그 관리들이 두 사도를 모욕하며
돌로 치려고 달려드니

6 그들이 알고 도망하여 루가오니아의 두 성
루스드라와 더베와 그 근방으로 가서

7 거기서 복음을 전하니라

바울과 바나바가 루스드라에서 전도하다

8 루스드라에 발을 쓰지 못하는 한 사람이 앉아 있는데
나면서 걷지 못하게 되어 걸어 본 적이 없는 자라

⁹바울이 말하는 것을 듣거늘 바울이 주목하여
 구원 받을 만한 믿음이 그에게 있는 것을 보고

¹⁰큰 소리로 이르되 네 발로 바로 일어서라 하니
 그 사람이 일어나 걷는지라

¹¹무리가 바울이 한 일을 보고
 루가오니아 방언(方言)으로 소리 질러 이르되
 신들이 사람의 형상으로 우리 가운데 내려오셨다 하여

¹²바나바는 제우스라 하고
 바울은 그 중에 말하는 자이므로 헤르메스라 하더라

¹³시외 제우스 신당의 제사장이 소와 화환들을 가지고
 대문 앞에 와서 무리와 함께 제사하고자 하니

¹⁴두 사도 바나바와 바울이 듣고

옷을 찢고 무리 가운데 뛰어 들어가서 소리 질러

15 이르되 여러분이여 어찌하여 이러한 일을 하느냐
우리도 여러분과 같은 성정을 가진 사람이라

여러분에게 복음을 전하는 것은
이런 헛된 일을 버리고 천지와 바다와 그 가운데
만물을 지으시고 살아 계신 하나님께로 돌아오게 함이라

16 하나님이 지나간 세대에는 모든 민족으로
자기들의 길들을 가게 방임하셨으나

17 그러나 자기를 증언하지 아니하신 것이 아니니
곧 여러분에게 하늘로부터 비를 내리시며

결실기(結實期)를 주시는 선한 일을 하사 음식과 기쁨으로
여러분의 마음에 만족하게 하셨느니라 하고

¹⁸이렇게 말하여 겨우 무리를 말려
자기들에게 제사를 못하게 하니라

¹⁹유대인들이 안디옥과 이고니온에서 와서
무리를 충동하니 그들이 돌로 바울을 쳐서
죽은 줄로 알고 시외로 끌어 내치니라

²⁰제자들이 둘러섰을 때에 바울이 일어나
그 성에 들어갔다가 이튿날 바나바와 함께 더베로 가서

²¹복음을 그 성에서 전하여 많은 사람을 제자로 삼고
루스드라와 이고니온과 안디옥으로 돌아가서

²²제자들의 마음을 굳게 하여 이 믿음에 머물러 있으라
권하고 또 우리가 하나님의 나라에 들어가려면
많은 환난을 겪어야 할 것이라 하고

²³각 교회에서 장로들을 택하여 금식 기도 하며
그들이 믿는 주께 그들을 위탁하고

²⁴비시디아 가운데로 지나서 밤빌리아에 이르러

²⁵말씀을 버가에서 전하고 앗달리아로 내려가서

²⁶거기서 배 타고 안디옥에 이르니
이 곳은 두 사도가 이룬 그 일을 위하여
전에 하나님의 은혜에 부탁하던 곳이라

²⁷그들이 이르러 교회를 모아
하나님이 함께 행하신 모든 일과
이방인들에게 믿음의 문을 여신 것을 보고하고

²⁸제자들과 함께 오래 있으니라

God bless you~

쉼休

쉼休

名休

개 역 개 정 · 신 약 성 경 쓰 기

사도행전 상

초판 1쇄 발행 ┃ 2016년 1월 22일
개정증보판 1쇄 발행 ┃ 2020년 8월 24일

엮은이 ┃ 김영기, 김종서
디자인 ┃ 신경애
펴낸곳 ┃ 도서출판 레마북스
출판등록 ┃ 2015년 4월 28일(제568-2015-000002호)
주소 ┃ 충남 당진시 송산면 유곡로 20
전화 ┃ 010.5456.9277(출판사) 010.5424.7706(엮은이)
전자우편 ┃ starlove73@naver.com
총판 ┃ 하늘유통(031.947.7777)

값 7,000원
ISBN 979-11-87588-14-6 04230
ISBN 979-11-87588-13-9 04230(세트)

이 도서의 국립중앙도서관 출판예정도서목록(CIP)은 서지정보유통지원시스템 홈페이지(http://seoji.nl.go.kr)와 국가
자료공동목록시스템(http://www.nl.go.kr/kolisnet)에서 이용하실 수 있습니다.(CIP제어번호: CIP2020030580)